Couvertures supérieure et inférieure
manquantes.

NOTICE HISTORIQUE

SUR

MENTHON-LES-BAINS

ET

SES THERMES

PAR

ALPHONSE DESPINE

Officier d'Académie, décoré de l'Ordre des Saints Maurice et Lazare, etc.

ANNECY

IMPRIMERIE DE CHARLES BURDET

1865

NOTICE HISTORIQUE

SUR

MENTHON-LES-BAINS

ET SES THERMES

Si l'on s'attache à la physionomie du xixᵉ siècle, un contraste étrange frappe tout d'abord, le voici : d'une part, un singulier laisser-aller à n'embrasser que la superficie des choses ; et, d'autre part, un désir impérieux de se rendre compte de leur origine et de leur histoire. Les naïves croyances de nos aïeux, les féeries poétiques dont vivait leur imagination, les traditions qui suffisaient à leur esprit sont écartées avec dédain : on veut et l'on fait du *positivisme;* puis, à côté de cela, on apporte une légèreté inouïe dans les études qui se rattachent à l'intelligence seule. Le matérialisme étend son ombre funeste sur tout ; et malheureusement cette tendance grandit parce qu'elle se colore d'un intérêt pratique. Tout en protestant, obéissons néanmoins au courant du siècle ; mais obéissons-y dans les limites de ce qui est sage.

C'est pourquoi j'essaye d'esquisser l'histoire des thermes et des eaux de Menthon. Mon goût particuculier m'eût entraîné à la recherche de quelques traditions légendaires. J'aurais aimé à retrouver un saint ermite, frappant les rochers par sa prière plus encore que de son bras, pour leur arracher un trésor appelé à guérir les misères de ce monde. J'aurais voulu quelque bachelette ou quelque damoiselle courant à la source ignorée pour panser les plaies du chevalier porteur de son emprise, et découvrant par là les vertus curatives de ces pauvres gouttes d'eau délaissées ; ou bien encore il me plairait d'apprendre que, dans un jour de fureur, un géant irrité renversa le modeste réduit faisant barrière à l'objet de son amour, et qu'il donna ainsi issue au flot souterrain : l'odeur sulfureuse de celui-ci me dirait que le châtiment ne s'est pas fait attendre, et l'efficacité des eaux serait une gracieuse transformation des larmes ou du sang de la jeune fille immolée...

Mais, je le répète, il faut du positivisme.

Or, comment en trouver auprès d'une source qui, semblable à *la Belle au bois dormant*, brilla jadis, puis a traversé un sommeil de plusieurs siècles! Essayons toutefois, en comptant rencontrer un peu d'indulgence, de réunir les données historiques éparses et bien rares, recueillies au sujet de ces nouveaux thermes.

Il existe fort peu de documents écrits touchant les eaux de *Menthon-Talloires* et les monuments antiques qui s'y rattachent. Quelques-uns m'ayant été signalés, j'en ai demandé communication, et malheureusement il ne m'a pas encore été possible de l'obtenir. Et puis, m'a-t-on dit vrai? Trop souvent déjà on a éveillé, de bonne foi sans doute, mes convoitises archéologiques pour les conduire à une déception!

Le plus ancien titre, à ma connaissance, est, chose

bizarre, celui que l'on aurait dû consulter le premier pour diriger les recherches et que pourtant nul n'a eu la pensée d'examiner : le cadastre et le livre des estimateurs ; ces travaux admirables, dressés avec tant de soins que la jurisprudence leur accorde l'autorité d'un acte de propriété, eux qui formeront un monument auquel doit s'attacher notre gratitude envers nos anciens princes! Voyez la mappe-cadastre : un numéro distinct indique presque le périmètre du bassin de captation! d'autres numéros précisent la direction donnée à l'écoulement des eaux. Lisez le livre des estimateurs et vous y trouverez écrits dans un jargon moitié italien moitié français : « *Terre qui a étté mové per ritrové la fontenne del bin,* » de 1729 à 1730. Donc des fouilles avaient été pratiquées : elles le furent avec une main heureusement inspirée ; mais nous sommes en droit de douter que ces mains aient eu la persistance qui marque 1865.

Par ordre de date, vient ensuite une courte, mais importante mention, consignée dans le *Médecin familier et sincère*. Cet ouvrage, aujourd'hui à peu près oublié, et qui m'me échappa au chanoine Grillet, dans son *Dictionnaire historique*, etc. (1807), parut pour la première fois en 1741, à Turin ; et obtint les honneurs d'une deuxième édition en 1747. Son auteur était Benoît Voysin, docteur en médecine et *professeur de la chirurgie, à Annecy en Savoie sa patrie,* ancien inspecteur de tous les hôpitaux du roi de Sardaigne durant les guerres de 1733 à 1735. La famille Voysin, éteinte depuis longues années, n'a laissé de souvenirs que dans une vieille procédure tombée entre mes mains et consacrant ce que l'on est convenu d'appeler une *cause grasse*. Voysin fut inventeur d'un remède secret ; le propager était son but principal, aussi l'appliquait-il à toutes les maladies, répétant, mais en termes scientifiques, le refrain du charlatan :

>Pris en poudre, il fait maigrir !
>Pris en liquide, il engraisse !

Quoiqu'il en soit, voici comment il s'exprime à la page 70 : « Nous avons en Savoie les eaux d'Aix, cel-
« les de Menthon, celles d'Amphion et celles de
« Maurienne, qui sont très-souveraines pour les dif-
« férentes maladies que j'ai cy-devant nommées, je ne
« saurois déterminer et je serois fort embarrassé à
« répondre, si l'on me demandoit mon sentiment ;
« savoir si les eaux d'Amphion, qui sont proches de
« la ville d'Evian, en Chablais, vis-à-vis la ville de
« Lausanne et de toute cette belle côte de Vaud, sont
« meilleures que celles de Menthon, qui est situé sur
« le bord du lac, à une lieue et demie de la ville
« d'Annecy... J'ai fait l'analyse de l'une et de l'autre...
« Elles produisent toutes deux de merveilleux effets
« pour toutes les maladies que j'ai cy-devant expli-
« quées. Ceux qui en seront atteints peuvent en toute
« sureté et confiance les aller prendre ; ils verront
« qu'elles sont très-salutaires, moyennant que les
« malades se préparent comme il faut... Nombre de
« personnes qui y étoient venues deux années de
« suite sans en avoir ressenti que très-peu de soula-
« gement, et qui y étoient retournées la troisième
« année, après s'y être préparées de la manière que
« j'ai dit, ont été parfaitement guéries. »

Les principales maladies *expliquées* par Voysin sont, entre autres, les *obstructions*, les *maux d'estomac*, les *indigestions, vomissements, marasmes, maux de tête, vertiges*, commencement de *cataracte, rétention d'u-*

rine, palpitations, affections scorbutiques, hypocondrie, asthmes, douleurs rhumatismales, paralysie, ulcères, fistules, dartres, etc. Mes lecteurs me feront grâce, je l'espère, de continuer cette attristante légende.

Chacun remarquera que Voysin écrivait, quinze ans à peine après les annotations mises au cadastre, et par conséquent à une époque où les bains à demi ressuscités devaient être l'objet d'expériences assez nombreuses. Chacun remarquera aussi que Voysin place Menthon au deuxième rang des eaux minérales.

En 1803, des notes manuscrites de mon père, le baron Despine, devenu plus tard médecin inspecteur des thermes d'Aix-les-Bains, témoignent qu'il s'était déjà préoccupé de Menthon. Si l'activité infatigable et innovatrice de cet homme de bien et de travail se fût portée vers ces dernières sources, elle eût donné aux richesses d'Annecy le développement qu'elle a su produire pour Aix ; et sans doute elle eût trouvé ici une plus vive reconnaissance. Il ne faut pas s'y tromper, ce n'est point à la main qui exploite (quelle que soit son intelligence à le faire), que doit revenir l'honneur principal d'un succès ; mais c'est à celle qui créa ; qui traversa les premières années toujours si pénibles et pleines de danger pour les œuvres nouvellement formées ; et qui, dans cette traversée, ne fut aidée ni par la vogue ni par les importants subsides que le xixe siècle, seul, semble savoir réserver aux entreprises d'utilité publique. Comment donc se fait-il que ces esprits d'élite, les esprits vraiment inventeurs, n'obtiennent pas l'entière gratitude de leurs contemporains? et pourquoi cette gratitude se cache-t-elle parfois, à demi-honteuse, derrière des questions mesquines d'amour-propre ou de rivalité?

Quoi qu'il en soit, et s'il ne put se vouer à Menthon, le docteur Ch.-H.-A. Despine ne l'oublia point. « La source sulfureuse froide, disait-il, est située au pied de la colline de Chère. On reconnaît au premier abord que les eaux sont hépathiques ; la vue et l'odorat sont frappés de la grande quantité d'hydrogène qui se dégage : les habitants en font fréquent emploi dans les cas d'engorgement scrofuleux, les obstructions du foie, les pâles couleurs, etc.

« La source, ajoutait-il, sourd à un kilomètre environ des bords du lac. On prétend qu'à peu de distance, sur le roc de Chère, est un petit val où, durant l'hiver, viennent se réfugier les canards sauvages et autres oiseaux aquatiques. On dit que près de ce roc il est certaines zônes que la rigueur du froid laisse sans glaces et où la main plongée dans les flots éprouve une sensation de chaleur. »

La tradition rappelait que Menthon eut jadis des bains fameux, et plusieurs habitants attestaient, en 1803, au docteur Despine, avoir entendu leurs pères parler de l'affluence de nombreux étrangers. Etait-ce là un souvenir datant de l'ère romaine, ou ne serait-ce pas plutôt celui des opérations tentées lors de la péréquation de la Savoie, au commencement du xviiie siècle ? A moi l'on a affirmé que d'anciens titres et d'anciens ouvrages signalent Menthon comme *thermes*, c'est-à-dire comme possédant des eaux chaudes. Jusqu'à ce jour, mes démarches pour obtenir communication de ces documents sont restées infructueuses. Afin d'éclairer ces on-dit, j'ai même vu les possesseurs de quelques-uns de ces documents. Pourquoi faut-il qu'un sentiment d'insouciance coupable les entraîne à réaliser l'apologue du chien, refusant au cheval la botte de foin dont il ne peut retirer lui-même aucun profit !

Malgré tant d'obstacles à vaincre, l'existence d'une source minérale restait certaine : ne voyait-on pas un mince filet d'eau sourdre modestement à l'ombre de magnifiques noyers, et protester timide contre l'oubli et l'incurie de nos pères? Le pauvre presque seul venait en profiter, et il y revenait avec la confiance d'un cœur reconnaissant, à qui la Providence avait accordé un remède efficace à ses douleurs. Les notes médicales de mon grand-père et de mon père établissent qu'ils prescrivirent, plus d'une fois, les eaux de Menthon ; et il y a peu de jours, un doyen de l'art médical, M. R..., me confirmait que lui aussi recommanda fréquemment l'usage de la source bienfaisante.

A côté de cette existence constante, se plaçaient d'autres faits nombreux, propres à diriger les recherches. Des traditions disaient que les eaux s'étaient perdues. Quelques esprits chagrins en attribuaient la cause à la jalousie des établissements rivaux ou à un sentiment de vengeance d'un seigneur des environs. Inutile de faire ressortir l'invraisemblance, pour ne pas dire l'absurdité, de pareilles suppositions.

D'autres personnes, plus observatrices, rattachaient la perte des eaux aux désastres qui marquèrent l'invasion des barbares ; d'autres enfin croyaient à un éboulement du sol qui, comblant les orifices de la source, l'avaient forcée à se frayer une nouvelle issue dans les rochers.

Parmi ces diverses suppositions, la dernière me semble être la plus plausible. L'inclinaison du terrain, la profondeur de l'humus attestée par une végétation luxuriante, l'absence des ruines qu'un esprit de destruction semble prendre plaisir à étaler en témoignage de ses folles et déplorables fureurs : toutes ces circonstances me paraissent dignes de considération, et, d'ailleurs, les fouilles opérées en 1865 les ont sanctionnées ; la main des barbares aurait-elle laissé intact le magnifique bassin de captation, que la courageuse persistance de M. *Borda-Bossana* a enfin exhumé du tombeau sur lequel seize siècles se sont succédé ?

Les traditions n'étaient pas seules à parler. D'anciennes constructions romaines, situées à quatre cents mètres en aval, enfouies en grande partie il est vrai, mais non entièrement recouvertes, portant encore le nom de *bains romains,* transmettaient de génération en génération un précieux témoignage. Deux quadrilatères, en petit appareil, à assises régulières, avaient résisté au temps, au cataclysme qui ensevelit la source, et à la main des hommes, dont les efforts peut-être se joignirent à l'œuvre des intempéries. Un paysan installa d'un côté sa chaumière et de l'autre son troupeau. Quelques poutres vermoulues protégèrent ces derniers débris ; et nous leur devons, sans doute, la conservation de ce que ne purent préserver ni la puissance ni la force d'un proconsul romain.

A l'Est de ces masures, comme autour d'elles, des maçonneries régulières aussi produisent un exhaussement du sol : lorsque la sécheresse se fait sentir, on voit le gazon jaunir en formant des lignes nettement tracées ; plus d'une fois, l'imagination du peuple avide du merveilleux crut reconnaître là un terrain foulé par la ronde des fées ; et plus d'un esprit superstitieux rêva d'y voir apparaître le lutin de qui il sollicitait la découverte d'un trésor. Insensés! ces caractères mystérieux, ces lignes qui s'enroulaient en carrés, en demi-cercles, et qui aujourd'hui encore subsistent en partie, sont la révélation des murs encore inexplorés, cachés sous une mince couche de gazon, et où des fouilles utiles pourraient être pratiquées.

Puis çà et là, à diverses époques, des jalons oubliés se firent jour.

Ainsi sur le roc de Chère, vers 1786, le docteur J. Despine, médecin de la famille royale en Savoie, reconnut les vestiges d'une redoute ou d'un camp romain. Ce point était admirablement choisi; il domine le lac, Talloires, Menthon, et il commande au petit col qui, reliant ces deux territoires, s'ouvrait, dit-on, à la voie romaine, dont le prolongement, jeté dans les gorges de Saint-Clair, montre encore à nos yeux l'inscription, *Lucius Tincius Paculus pervium fecit*. — Vers la même époque, toujours au roc de Chère, un paysan brisa un vase d'où se répandirent de nombreuses médailles romaines en argent. Vendues à divers orfèvres d'Annecy, au prix de un à quinze écus, ces monnaies offraient presque toutes la même empreinte ; savoir : d'un côté une tête portant des coiffures variées, et de l'autre un cheval, une sirène, un cavalier, un bœuf, ou d'autres animaux du genre *pecus*. Les légendes y étaient rares ; toutefois le baron Despine recueillit celles qui suivent : VOL.. CON., un ANTONIN PIE. et une monnaie moyen bronze, portant sur la face une tête avec les lettres COOV, et au revers COO. OMA (1). Ces médailles font probablement partie

---

(1) Mém. manuscrit sur Menthon, par C.-H.-A. Despine.

de celles offertes aux musées de Chambéry et d'Annecy : car, tous deux, eurent large part aux collections de M. Despine, les premières peut-être, et assurément les plus importantes formées, en Savoie, par l'initiative d'un simple particulier. Plus tard, de nouvelles médailles furent trouvées dans les ruines des bains de Menthon : M. Albanis-Beaumont les rappelle, page 110 de son premier volume, mais par erreur il les place à Faverges (1).

En 1789, à peu de distance des ruines des thermes, un agriculteur trouva plusieurs monnaies paraissant être *celto romaines* (2).

A l'époque de 1800, une seule chambre subsistait entière aux bains romains ; elle formait un carré long ; rien ne précisait sa destination, si ce n'est que dans un des murs on pouvait remarquer un canal (3). Des fouilles exécutées en l'an X donnèrent quelque espé-

(1) Etude manuscrite sur la iv⁰ voie militaire romaine en Savoie, par de R. de V...

(2) Le musée d'Annecy possède huit pièces *en potin* (bronze mêlé de plomb), appartenant au premier âge de fer, trouvées au roc de Chère, près des bains de Menthon, dans le courant du xviiiᵉ siècle, et données par M. Despine. Leur module est d'environ 0, 15 millimètres. Ces pièces, fort rares, portent l'empreinte grossière d'un animal, et sont, d'après M. Morlot, dans son *Cours sur la haute antiquité*, une imitation barbare des monnaies marseillaises : une seule présente quelques caractères. Le même musée garde aussi vingt-cinq pièces gauloises, en argent, d'une exécution fort incomplète, figurant une tête sur une face et un cheval sur l'autre. Ces hippocampes se rencontrent principalement en Savoie et dans le Dauphiné : quelques savants ont cru y voir l'origine du dauphin, qui forma les armoiries de cette riche province de la France. Les monnaies de cette espèce qui enrichissent le musée proviennent de Veyrier (vers 1830), mais on assure que le roc de Chère en a offert d'analogues ; et dernièrement même une y a été recueillie par l'avocat M...

(3) Notes manuscrites du baron Despine.

rance de reconstruire plus tard l'ensemble du plan des thermes.

Les paysans pauvres continuèrent presque seuls à avoir foi dans l'efficacité des eaux. La mode capricieuse n'en disait rien, car elle n'y eût pu trouver la foule et le bien-être qu'elle affectionne. Ces magnifiques prairies, ces riches ombrages qui avaient recouvert les travaux des âges anciens, produisaient une utilité actuelle ; et celle-ci, suffisant au propriétaire, éloignait de lui l'idée d'exhumer les souvenirs des siècles passés : d'ailleurs, le morcellement excessif de la propriété eut rendu fort difficiles des fouilles régulièrement suivies.

Vers 1840, M. Ruphy Louis, plus actif que beaucoup de nos compatriotes, devint acquéreur des thermes, tenta quelques recherches et mit au jour de nouveaux quadrilatères reliés les uns aux autres et pour la plupart entourés de canaux : cependant l'eau ne jaillissait pas ; alors M. Ruphy convertit en charmant chalet ce petit domaine. A cette occasion, l'on découvrit des plaques de marbre blanc, d'épaisseurs et de grandeurs différentes : de nombreuses tuiles romaines, épaisses, à bords latéraux recourbés à angle droit, et qui, sans doute, étaient fabriquées à Annecy, puisqu'on en rencontre à chaque pas ces débris dans les *fins* de l'ancienne *Bautas ;* et que, il y a peu d'années, des travaux d'appropriation sur cette partie des bords du lac firent reconnaître un dépôt de briques analogues, disposées comme elles le seraient dans un magasin d'exportation. On y reconnut aussi des tuyaux en briques, ayant servi de conduits pour les eaux ou la vapeur : ces tuyaux, moulés carrément, offrent une longueur moyenne de $0^m 26$, une hauteur de $0^m 18$

sur une face et de 0ᵐ 10 sur l'autre. La terre en est sonore, les parois sont peu épaisses, à la différence des tuiles, et ils étaient noyés dans du ciment. Quelle était leur position? perpendiculaire ou horizontale? celle-ci eût formé, ce me semble, un précieux indicateur pour déterminer si des thermes ou de simples bains avaient fixé là les maîtres du monde. Malheureusement, on n'a pas su me le dire, malgré le laps si court d'années écoulées depuis ces découvertes! Ces objets sont en partie recueillis au musée d'Annecy, dont le Conservateur, disons-le avec justice, est infatigable à sauver les épaves qui, de temps à autre, sont rejetées par le flot des siècles.

D'autres propriétaires succédèrent à M. Ruphy : le désir de nouvelles fouilles se développa, et alors se formèrent plusieurs sociétés microscopiques. Les explorations furent faites sur divers points : mais toujours entraînés par la préoccupation que les bains devaient être construits à proximité de la source, les explorateurs essayèrent, aux alentours des ruines romaines, trente ou quarante recherches. Aucune, que nous le sachions, ne conduisit à des eaux minérales, ni même à des constructions antiques.

Enfin, dans ces dernières années, M. Borda-Bossana, ancien guide au Grand-Saint-Bernard, et qui, dans plusieurs départements de l'ancienne France, s'était occupé d'hydroscopie, porta son attention vers Menthon-Talloires. Trois ans d'études de la nature du sol le rendirent convaincu d'un succès. *Sourcier* et *sorcier* sont tout un dans notre dialecte national! M. Bossana loua pour dix-huit ans le terrain sur lequel s'était fixées ses convictions, et résolûment il mit la main à l'œuvre au mois d'avril 1865.

Avant d'exposer le succès de ce dernier travail, jetons un coup d'œil sur les anciens thermes.

« Les murs, les assises, les ruines, tout est romain.
« Les piscines parfaitement dessinées, au nombre de
« quatre, les acqueducs d'arrivage et de départ des
« eaux, tout indique de la manière la plus évidente
« un établissement de bains. La difficulté est de savoir
« où l'on prenait les eaux. Tout près de là, et au
« dessus, se trouve une source d'eau fortement sulfu-
« reuse, mais si peu abondante, qu'elle en fournit à
« peine deux ou trois litres par heure. Sa tempéra-
« ture ne dépasse pas celle des sources ordinaires.
« A moins que la source ne se soit perdue, ce n'est
« pas elle qui alimentait les bains. Il paraît plus pro-
« bable que les eaux minérales se seront dispersées
« ou mêlées avec d'autres (1). »

Les murs subsistant encore sont en pierres dures, taillées en carreaux, soit en forme de briques longues et épaisses. La destination de ces bâtiments ne peut être mise en doute. Leur disposition se rapproche beaucoup de la manière réticulaire des Romains. Quatre grands bains, destinés vraisemblablement à des piscines ; une voûte en forme de rotonde (aujourd'hui disparue), affectée aux bains particuliers ; de petites cheminées semblables à celles trouvées dans le *vaporarium* des bains Perrier à Aix en Savoie ; de larges briques fort épaisses servant de parquet ou formant les voûtes : tout, en un mot, parle assez haut pour proclamer que nous avons de véritables bains romains (2).

(1) Lettre de Mgr Rendu au chanoine Greppo, communiquée par M. E. Serand.
(2) Notes manuscrites du baron C.-H.-A. Despine, à la date de 1803.

Nous venons d'entendre les maîtres de la science, puissent leurs inductions nous conduire à la vérité, et puisse un labeur persévérant permettre de constater que ce sont bien là de véritables thermes, alimentés par des eaux naturellement chaudes ! C'est l'espérance de M. Bossana. Quant à moi, je reste hésitatif, parce que, malgré quelques caractères d'analogie, je crois trouver d'énormes différences entre le système de construction suivi à Aix et celui adopté à Menthon.

1865 vint enfin, féconde et heureuse année : M. Bossana, dirigé par sa bonne étoile, opéra sur la *griffe* même de la source. A la profondeur de trois mètres environ, il reconnut des briques et des ossements. Ce dernier fait appellera peut-être un sourire à la mémoire de ce charlatan qui, en justification de l'efficacité de ses remèdes, montrait au débonnaire public la *peau du dernier homme* qu'ils avaient radicalement guéri ! Rassurons-nous, les os ont appartenu à un cheval; et comme les Allobroges n'ont pas, que je sache, connu les centaures, notre trouvaille n'a rien qui puisse compromettre.

Bientôt furent mises à découvert quelques murailles anciennes, quoique n'affectant pas le caractère romain. Peut-être remontent-elles au commencement du xviiie siècle, lorsque les terres avaient *étté mové per ritrover le fontenne ?* Peut-être aussi sont-elles l'œuvre de ce seigneur de *Cormand*, que la tradition nous signale pour avoir établi, là, un bain à son usage particulier.

Puis parurent les constructions romaines. Deux bassins ont été reconnus. L'un en petit appareil régulier, forme un puits carré, séparé de l'autre par un massif plein d'environ un mètre d'épaisseur. L'autre, situé au nord-est, dessinant un polygone irrégulier, ne montra d'abord que des gros blocs calcaires, largement appareillés, sur une hauteur approximative de 1^m 50. Ensuite on découvrit une étroite corniche, et enfin un large bassin profond de plus de 4^m, se pliant comme l'orifice en parallélogramme irrégulier, se terminant en cône à angle très-obtus, et revêtu de belles plaques de marbre de couleur foncée, sauf pour quelques parties où l'on avait mis à profit la roche elle-même. Trois ouvertures y ont été constatées : la première était bouchée par un morceau de sapin; la seconde, au dessous de la corniche, contenait encore un conduit en plomb, et la troisième, au dessus de cette même corniche, n'offrait pas de caractères particuliers. Etait-ce là l'orifice des tuyaux de captage ou de ceux d'écoulement? Nous inclinons à leur donner cette dernière destination, parce que, les fouilles terminées, toutes les eaux ont surgi du sommet du cône.

Dans la terre d'alluvion qui avait comblé le grand bassin, on a trouvé environ cent cinquante petits vases de formes différentes; parmi ceux conservés entiers, le plus grand mesure un décimètre et le plus petit trois centimètres; huit ou dix monnaies romaines; de grandes briques, les unes entières et les autres brisées; parmi ces dernières, l'une est arrondie comme le serait un tuyau de drainage; un morceau de marbre blanc; quatre instruments en fer, dont l'un dut former un couteau, l'autre une extrémité de conduit, le troisième une espèce de lime, et le quatrième un instrument analogue à une serpe, que plusieurs croient être un *strigile;* enfin un marteau en bronze. On a aussi présenté comme sorti de ces fouilles, un marteau en fer de forme bizarre, où l'on dirait qu'un artiste inhabile essaya d'imiter une tête de cerf. Le manche, aminci à son extrémité et percé d'une ouverture, indique que ce fut un marteau de porte. Est-ce bien là une œuvre romaine? j'hésite à le croire : la forme, le travail grossier, la couleur du métal y font plutôt reconnaître le faire du moyen âge. C'est ici une simple observation, corroborée d'ailleurs par ce fait que, de nos jours, on voit à Menthon, se balancer à une porte cochère, un marteau affectant aussi l'imitation d'un animal.

Les vases, en plus grande partie, sont en terre rouge, épaisse surtout vers le pied, et non vernie; ils ressemblent beaucoup aux objets de même nature exhumés à *Bromine;* pour quelques-uns la terre est blanche et pour deux seulement noirâtre : plusieurs fragments méritent une attention spéciale : l'un paraît être en pierre ollaire ou en graphite; il noircit les doigts et prend une teinte métallique sous la pression d'un corps dur. Les autres sont partiellement couverts d'un vernis formant des dessins assez gracieux; un enfin porte des modelages en creux, disposés en dessins analogues à ceux des vases peints. Ces petits meubles furent évidemment fabriqués au tour de potier; des stries parallèles accusent l'inexpérience de l'ouvrier, et les brisures de l'un de ces vases permettent de suivre encore la torsion que l'argile éprouva sous la main de l'artisan.

Ces vases furent-ils destinés à contenir des onguents? Ou bien, sont-ils des *ex-voto?* Ces deux suppositions peuvent se concilier : je penche vers la dernière, confirmée par ce fait que les monnaies ont, pour la plupart, été trouvées au fond des vases. Et, avouons-le, nul ne fait fi de ses lettres de noblesse : or, cent cinquante malades reconnaissants, il y a seize ou dix-sept siècles, ne constitueraient-ils pas un sceau médical précieux pour un établissement sanitaire ! Disons aussi que, dans le fond de quelques-uns de ces petits meubles, on a reconnu des culots métalliques non encore déterminés.

Les monnaies appartiennent toutes aux premier et deuxième siècle : une seule, bien que extrêmement fruste, présente le type des Constantin. M. É. Serand, archiviste de la Société Florimontane, ayant eu la bonté de classer ce petit trésor, nous pouvons dire qu'il se compose des pièces qui suivent : VESPASIEN CAES. VESPASIAN. AUG. COS. VIII. (66-79) : IMP. CAES. NERVAE TRAIANO. AUG. GER. DAC. P. M. TR. P COS V. P. P. et au revers, SPQR. OPTIMO PRINCIPI. S. C. (98-117). HADRIANUS AUG COS III. P. P. et au revers, S. C. (117-128) IMP. T. AEL. CAES. HADR. ANTONIUS AUG. PIUS. TR. POT. COS. III. et au revers, S. C. (138-161). MARC-AUREL (147-180). Les autres médailles sont frustes. Au fond du bassin avaient roulé d'énormes cailloux, et la roche donnant issue à l'eau renferme d'abondants cristaux de pyrites de fer.

Ces différents objets, collectionnés avec soin, serviront en grande partie à former le noyau d'un petit musée attaché au nouvel établissement. Malheur à celui qui dérobe les antiques parchemins à leurs propriétaires ! Et n'est-il pas juste de laisser pour ainsi dire inscrite, sur ces monuments anciens, la date que tant de siècles ont gardée à nos recherches. Ce n'est pas que je veuille fixer l'ensevelissement des thermes à la plus récente de ces monnaies ; mais je crois pouvoir en conclure qu'elle ne leur fut pas antérieure ; et, d'un autre côté, l'impartialité ne doit-elle pas placer ces témoins muets en présence de l'affirmation trop hasardée du xix⁰ siècle, qui fixe à l'an 64 la perte des eaux bienfaisantes.

Afin de rendre plus sensibles la disposition des thermes romains, la forme des objets trouvés et le périmètre du bassin de captation, aujourd'hui recouvert par l'abondance de la source, nous avons recouru au crayon consciencieux, intelligent et toujours si obligeant de M. Louis Revon, conservateur du musée d'Annecy (1).

Maintenant, quel sera l'avenir des nouveaux thermes ?

Dieu seul le sait sans doute : mais disons avec le fabuliste : *Aide-toi, le Ciel t'aidera.*

Des constructions anciennes attestent une ancienne renommée. Le mince filet d'eau qui, pendant tant de siècles, a pu protester contre l'oubli et traverser une masse de terre profonde de dix mètres, témoigne d'une source abondante, en même temps que de son niveau assez élevé pour espérer une chute toujours si utile dans l'application des eaux minérales. De trois litres par heure, le débit de la source a atteint soixante-cinq litres par minute. La capacité du grand bassin dépasse soixante-cinq mille litres. N'y a-t-il pas là un service assuré pour plus de vingt baignoires ?

Une analyse scrupuleuse des eaux se prépare. J'aimerais à voir les chimistes savoisiens prendre à ce travail la part due à leur science déjà justifiée, et que semble aussi assigner à leur patriotisme ce nouvel élément de richesses pour la Savoie.

(1) Voir les planches qui accompagnent cette brochure.

En attendant, je rappellerai que M. Ch. Calloud, de Chambéry, traita déjà cette question en 1855. Alors les eaux avaient à traverser plus de huit mètres de terrain d'alluvion, et leurs différentes sources confondues ne pouvaient présenter à l'analyse qu'un travail bien pauvre en principes minéralisateurs. Cependant dans son rapport lu, le 2 février 1855, à la société médicale de Chambéry, l'éminent chimiste n'hésitait pas à ranger l'eau de Menthon parmi les thermes : au dernier rang, il est vrai, en les classant par degré de chaleur, mais dans le premier quart des trente-six sources thermales ou minérales, objet de son étude. Certes, tout délaissé qu'il se trouvait alors, Menthon occupait bien une place honorable !

Les indications données dans une seconde brochure (1860) du même chimiste viennent d'être justifiées par les nouveaux thermes : « A côté du soufre, « dit-il, toutes (les eaux) sans exception ont l'élément « alcalin, qui exalte l'énergie thérapeutique de ce « grand médicament offert avec tant de libéralité par « la nature. » Et, en effet, on reconnaît fort nettement la source alcaline et la source sulfureuse : peut-être même fut-ce pour arriver à les séparer, que les Romains avaient établi deux réservoirs distincts. Ajoutons que l'une de ces eaux contient un élément gazeux non encore déterminé et fort abondant. Versée limpide dans un verre, on la voit après quelques secondes s'agiter, se charger de petites bulles, au point de simuler une eau trouble ; puis bientôt l'ébulition se groupe en cercle d'argent sur les parois supérieures du verre, et l'eau recouvre sa limpidité. Le contenu du grand bassin, plus longtemps exposé à l'air, prend une couleur vert laiteux ; la surface se couvre d'une apparence huileuse, à tel point qu'un paysan placé près de moi, l'un de ces derniers jours, trouvait que cela ressemblait à la *marmitte de bouillon du bon Dieu*.

Annecy a donc bien certainement plus que des espérances : et Menthon possède une richesse réelle. Les beaux ombrages, le ciel si splendide sur cette rive du lac, les avantages offerts par les courses bi-journalières du bateau à vapeur, dont la concurrence n'effraye pas de nombreux services de voitures : tout se réunit pour garantir un succès. Gardons-nous de le compromettre par des dépenses prématurées ; gardons-nous de le paralyser par l'exagération des prétentions locales. Plus que tout autre, Menthon a intérêt majeur à voir l'œuvre se consolider, et partant à faciliter sa réalisation. Que chacun se répète encore :

Aide-toi, le Ciel t'aidera.

Je n'ai pas à enregistrer ici l'affluence des curieux. Elle ne saurait que grandir, si les sympathies du pays entourent la société naissante, qui incessamment va mettre la main à l'œuvre ; et si les propriétaires de Menthon réalisent quelques efforts pour assurer aux étrangers le bien-être et la propreté dans le service que le baigneur a droit d'exiger : ce confortable que nous envions à la Suisse, et dont la riche nature de la Savoie présente de si nombreux éléments. Pas de luxe... mais élégance simple, qui s'harmonise avec nos riantes prairies, et nos vallons ombreux.

M. Bossana a eu la religieuse pensée de placer son travail sous le patronage de saint Bernard de Menthon. C'est à la fois un témoignage de piété et un souvenir pour l'ancien guide au Saint-Bernard.

Annecy, le 20 juillet 1865.

ALP. DESPINE.

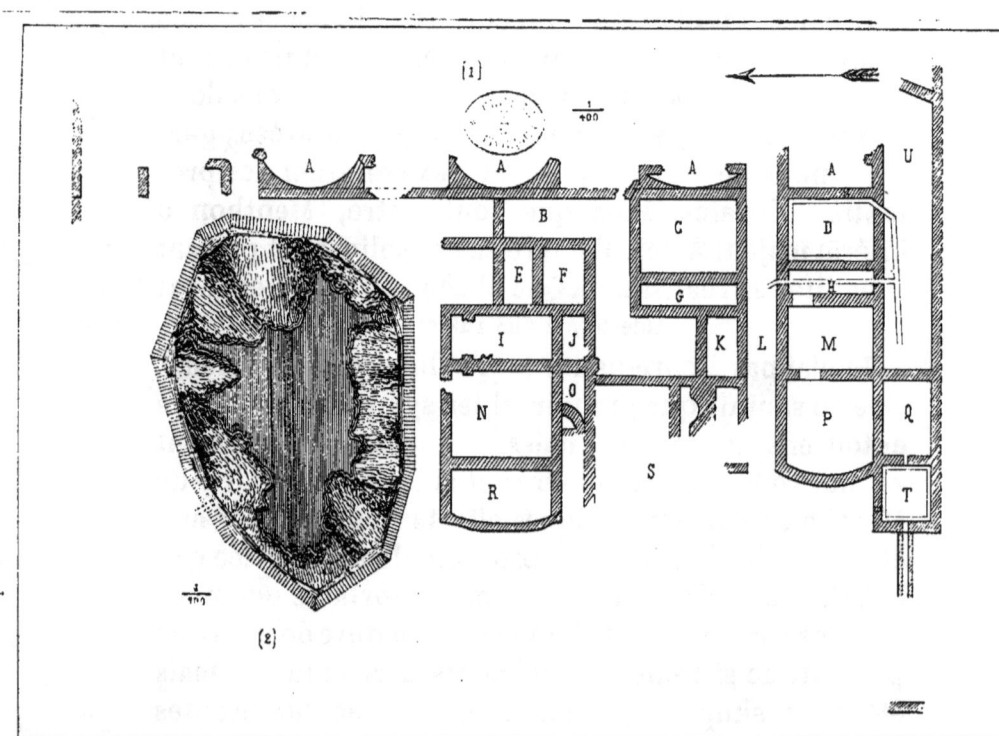

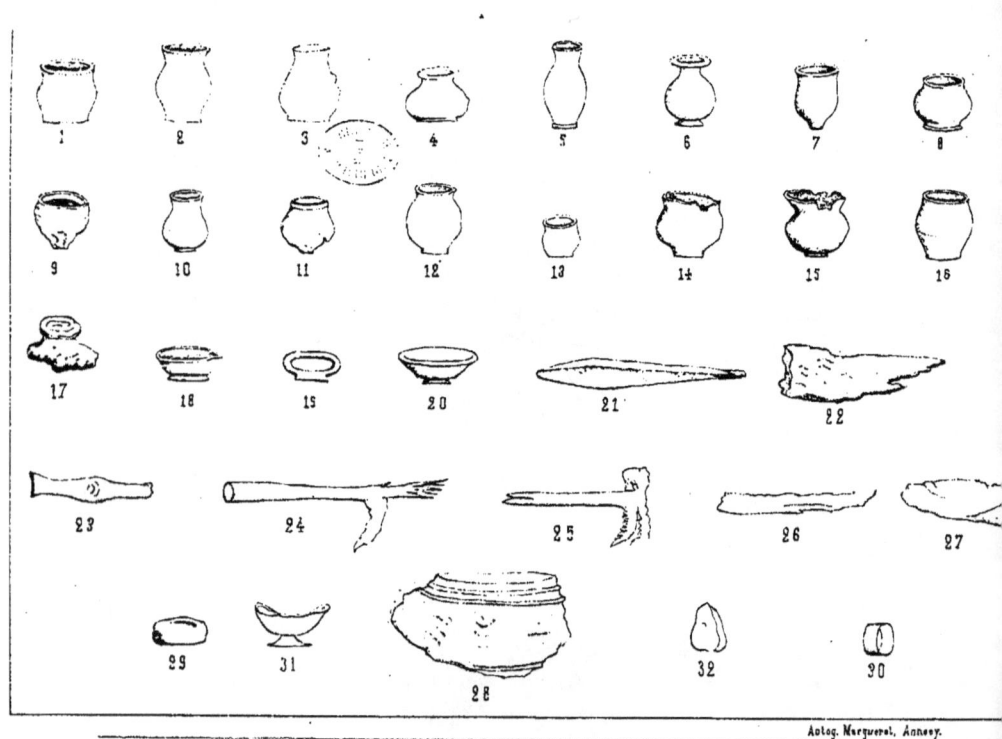

PLANCHES.

1ʳᵉ FEUILLE. Nº 1. Plan des thermes romains.
                 2. Plan du bassin de captation.
2ᵐᵉ FEUILLE.   Objets divers recueillis.

NOTA. — Le 21 juillet il a encore été trouvé une monnaie et une lampe en terre.

Imprimerie de Ch Burdet, à Annecy.

www.ingramcontent.com/pod-product-compliance
Lightning Source LLC
Chambersburg PA
CBHW060633050426
42451CB00012B/2568